L'HISTOIRE

DES

LÉGISLATIONS COMPARÉES

AU COLLÈGE DE FRANCE

(1879-1910)

PAR

JACQUES FLACH

Cette brochure ne peut être mise dans le commerce

(Extrait de la Revue Internationale de l'Enseignement)

PARIS

LIBRAIRIE GÉNÉRALE DE DROIT & DE JURISPRUDENCE

Ancienne Librairie Chevalier-Marescq et Cⁱᵉ et ancienne Librairie F. Pichon réunies

F. PICHON ET DURAND-AUZIAS, ADMINISTRATEURS

Librairie du Conseil d'Etat et de la Société de Législation comparée

20, RUE SOUFFLOT, (5ᵉ ARRᵗ)

1910

L'HISTOIRE

DES

LÉGISLATIONS COMPARÉES

AU COLLÈGE DE FRANCE

(1879-1910)

L'HISTOIRE

DES

LÉGISLATIONS COMPARÉES

AU COLLÈGE DE FRANCE

(1879-1910)

PAR

JACQUES FLACH

Cette brochure ne peut être mise dans le commerce

(Extrait de la Revue Internationale de l'Enseignement)

PARIS

LIBRAIRIE GÉNÉRALE DE DROIT & DE JURISPRUDENCE

Ancienne Librairie Chevalier-Marescq et Cⁱᵉ et ancienne Librairie F. Pichon réunies

F. PICHON ET DURAND-AUZIAS, ADMINISTRATEURS

Librairie du Conseil d'Etat et de la Société de Législation comparée

20, RUE SOUFFLOT, (5ᵉ ARRᵗ)

1910

L'HISTOIRE DES LÉGISLATIONS COMPARÉES

AU COLLÈGE DE FRANCE

(1879-1910)

Il m'a toujours paru que la chaire où j'ai, depuis une trentaine
d'années, l'honneur de professer au Collège de France est avant tout
un poste de guette ou de vigie. Scruter sans cesse du regard l'im-
mense horizon d'espace et de temps qu'embrasse l'histoire des
législations comparées, épier de loin les transformations qui se pré-
parent au sein des sociétés contemporaines ou les crises qui les
menacent, se tenir aux aguets de toutes les découvertes propres à
élargir ou à éclairer la connaissance des institutions anciennes, tel
m'a semblé le premier devoir de mon office. Il est loin d'être le seul.

La science ne s'enrichit pas seulement de matériaux nouveaux ;
elle étend ses moyens d'information et perfectionne ses instruments
de travail. Par là les questions les plus vieilles renaissent rajeunies.
Ajouterai-je que la méthode personnelle du savant peut aider à leur
solution et qu'une étude largement comparative lui facilite le défri-
chement des terres vierges? Dire très simplement comment j'ai
compris ma tâche et me suis efforcé de m'en acquitter, ce sera
montrer, je crois, le puissant intérêt de la science à laquelle j'ai
voué ma vie, les merveilleuses perspectives qui se sont récemment
ouvertes pour elle, et enfin l'avantage qu'elle trouve à se mouvoir,
en pleine liberté, dans un établissement de haute culture aussi
désintéressée que l'est celle du Collège de France.

I

En observant et en pénétrant la constitution organique des
nations, je me suis convaincu de longue date qu'elle est la cause
profonde, et souvent cachée, des conflits violents qui les mettent aux

prises. J'ai pu préparer ainsi, bien des années à l'avance, l'esprit de mes auditeurs à l'avènement de ces deux faits d'une si grave portée : le rôle nouveau de l'Autriche-Hongrie dans la politique européenne, et l'entrée en scène du Japon.

L'Autriche-Hongrie est le champ clos, à double lice, des grandes nationalités rivales. Allemands et Magyars, minorités dominatrices appuyées sur la grande Allemagne, y mènent le combat contre les Slaves, s'efforçant de les comprimer au dedans et de les refouler au dehors. Pour suivre de près cette double action et pour mesurer sa répercussion probable sur l'avenir de l'Europe, c'est l'élément magyar, le plus ardent, le plus résistant peut-être aussi, celui qui s'enorgueillit le plus de ses traditions héroïques. qu'il fallait tout d'abord placer dans son vrai jour, à la lumière de l'esprit national que l'histoire de ses institutions reflète. Je m'y suis longuement attaché (1885-1888), pour esquisser ensuite, dans son ensemble, la situation intérieure de la monarchie dualiste, au xixe siècle, et sa politique étrangère (1).

La lutte en Autriche-Hongrie du germanisme contre le slavisme, dont l'objectif manifeste était de rejeter la Russie vers l'Asie, et dont la conséquence logique fut l'alliance franco-russe, m'a amené tout naturellement à prendre la Russie elle-même comme sujet d'étude. Il m'importait d'entrer aussi avant que possible dans l'intimité d'un peuple où, depuis deux siècles, sont en présence et en conflit des institutions autochtones et une civilisation d'emprunt, de sonder et de décrire les organes de ce corps gigantesque qui n'a fait que grandir, sans changer son régime politique, jusqu'au jour où, socialement, il a subi une rénovation profonde par l'abolition du servage. Une société nouvelle allait-elle sortir de cette grande réforme ? Quelle serait-elle ? Comment pourrait-elle s'accommoder de l'antique communauté des terres et s'accorder avec l'autocratie ? Quelle orientation en devait-il naître de la politique extérieure de la Russie ? Redoutables problèmes, dont j'ai cherché les données essentielles dans l'histoire des institutions russes, depuis Pierre le Grand, en n'y consacrant pas moins de cinq années de cours (1892-1896).

La Russie me conduisait directement à l'Extrême-Orient, avec les millions d'émigrants que la pléthore de sa population rurale, et l'insuffisance de leurs lots de terre arable faisaient émigrer en Sibérie, avec les extensions territoriales qu'elle poursuivait du côté

____

(1) C'est de ce cours qu'a été tirée mon étude : *Madame de Krudener et les origines de la Sainte-Alliance*. Paris, 1889.

de la Chine et qui devaient infailliblement la heurter à une puissance ambitieuse qui s'avançait de l'Est, le Japon. Sur celui-ci comme sur la Chine, mon enseignement de l'Ecole des sciences politiques avait dès longtemps éveillé ma curiosité scientifique. J'avais été frappé notamment des résultats si étrangement dissemblables qu'avait produits dans les deux pays un régime familial qui offrait tant de points de similitude : en Chine, la faiblesse du pouvoir central, sa vulnérabilité vers le dehors, l'anarchie gouvernementale, et la stagnation intellectuelle ; au Japon, un esprit national et aristocratique d'une vitalité extrême, une grande cohésion de volontés et d'efforts, une force prodigieuse d'innovation et d'expansion. La guerre sino-japonaise me parut mettre ce contraste dans tout son éclat et je pris la résolution d'étudier parallèlement, dans mon cours, les institutions de la Chine et celles du Japon. Je l'annonçai ici même en ces termes : « Depuis nombre d'années, mon attention et mon étude se sont portées sur le droit de l'Extrême-Orient, pour réunir les éléments d'un cours qui lui soit consacré » (1) et je m'empressai de tenir ma promesse.

Dès l'année scolaire 1900-1901, après m'être fait suppléer durant un semestre par un érudit de grand talent, qui veut bien se dire mon disciple, M. Frantz Funck-Brentano (2), afin de pouvoir achever d'écrire le tome III de mes *Origines de l'ancienne France*, j'ai abordé le régime familial chinois, puis décrit, l'année suivante, l'état social de la Chine sous la dynastie mandchoue. Le tour du Japon est venu ensuite (1902-1903, 1904-1906).

Nulle part la méthode historique et comparative ne pouvait mieux se vérifier et s'appliquer. Non seulement la féodalité japonaise et la féodalité européenne s'éclairent l'une par l'autre, mais le Japon d'aujourd'hui et de demain restera inintelligible pour qui ne connaîtra pas à fond ses institutions, ses mœurs, sa mentalité anciennes.

La restauration impériale de 1868 a tué la féodalité, mais elle a réincarné son esprit dans les institutions neuves. L'oligarchie du clan a survécu, le code moral des anciens chevaliers, des Samouraï, ce *bushido* que je crois avoir été le premier à faire connaître en France (3), a été étendu à la nation entière, la religion de la

<hr>

(1) *Revue internationale de l'Enseignement*, 15 avril 1898, p. 312.

(2) **M. Fr. Funck-Brentano** a traité de la Formation des villes dans l'Europe occidentale.

(3) Voyez mon étude *L'âme japonaise d'après un Japonais*, dont les éléments sont empruntés à mon cours (*Annales des Sciences politiques*, juillet 1904).

noblesse est devenue pour tous le culte de la patrie, et, de même, ont persisté les mœurs antiques, sous le vêtement d'emprunt de la civilisation occidentale. Ainsi deux âges et deux civilisations se superposent ; mais les deux âges s'accordent, tandis que les deux civilisations s'opposent en une antipathie qui semble bien devoir être irréductible et qui pourra engendrer dans un avenir plus ou moins prochain une rivalité grosse de périls et d'aléas. Telle fut la conclusion de mon cours de 1902, où je présentai comme inéluctable le choc de la Russie et du Japon, et montrai comme objectif secret de celui-ci « la substitution de la dynastie du Soleil Levant à la dynastie mandchoue ». Chacun a pu voir depuis lors avec quelle tenace habileté, quelle énergie et quelle souplesse le Japon marche à ses fins, assaillant un à un ses adversaires et les isolant ou les matant par des traités.

II

Si l'entrée du Japon dans le chœur — trop discordant, hélas ! — des grandes nations peut être considérée comme un événement d'une conséquence au moins égale à la naissance des Etats-Unis, il est peu de résurrection de monuments qui aient produit, dans les sciences historiques, une révolution aussi soudaine et aussi féconde que l'ensemble des découvertes archéologiques faites dans les trente dernières années.

Par les fouilles de Schliemann et de ses collaborateurs à Troie puis surtout à Mycènes (1876), les bornes de l'antiquité classique ont été reportées de huit siècles en arrière. Presque en même temps étaient mis au jour en Crète, à Knossos, la capitale de ce Minos qui allait sortir de la légende pour rentrer dans l'histoire, les premiers vestiges d'une civilisation hellénique bien plus antique encore, tandis qu'en Mésopotamie, à Lagash, M. de Sarzec inaugurait ces découvertes admirables qui devaient permettre à la civilisation chaldéenne de rivaliser, comme antiquité et comme éclat, avec l'Egypte elle-même.

La prédilection qui m'attire vers les questions d'origine, mes travaux et mes cours sur les institutions primitives et jusqu'à mes recherches sur les chansons de geste qui reportaient si aisément ma pensée vers le problème homérique, tout cela me faisait suivre avec un intérêt passionné les conquêtes de nos explorateurs scientifiques. Quand ensuite les tablettes de Tel Amarna vinrent (1887) jeter un jour inattendu sur les rapports de l'Egypte et de l'Asie, quand surtout la découverte des tombes d'Abydos et de Negâde pro-

clama sans réplique la réalité historique de la première dynastie
égyptienne et de son premier législateur Ménès, je voyais arriver
le moment où je pourrais aborder ces nouveaux champs d'étude,
d'un si puissant attrait, et j'écrivais dans cette *Revue*, dès 1898,
qu'après le cours que je faisais alors sur les institutions primitives
de l'Océanie « je passerais à l'Asie, en m'efforçant de pénétrer directement aux racines premières des civilisations de l'Orient et de l'antiquité classique » (1).

Certes, je ne prévoyais pas alors que, par une heureuse fortune, la
mission française de Suse étrennerait le xxᵉ siècle en nous restituant
un code de lois antérieur de deux mille ans à l'ère chrétienne et je
ne soupçonnais pas — les assyriologues avaient négligé de nous les
faire connaître — que des milliers de tablettes juridiques de cette
même époque dormaient dans les musées et attendaient leurs inter-
prètes. Enfin j'étais loin de m'attendre à ce que dans un laps de
moins de dix ans fût exhumée en Crète une civilisation méditerra-
néenne qu'on pût suivre à la trace jusqu'à l'âge néolithique et bap-
tiser du nom même de Minos, puisqu'elle avait atteint son apogée
sous ce grand législateur.

Mais je voyais déjà les problèmes anciens changer de face, qu'il
s'agît des sources les plus lointaines de la civilisation classique ou
de ses sources plus immédiates, dans ce bassin de la mer Egée que
la Crète barre au sud et que Troie limite au nord et dans lequel les
peuples ont évolué comme emportés par un mouvement gyratoire.
Matrice à n'en pas douter ; mais d'où étaient venus les germes
fécondants ? Des Pélasges ou des Hittites du nord ? des Egyptiens
ou des Libyens du sud ? des Sémites de l'est ou du sud-est ? de races
inconnues peut-être telles que les Sumériens ?

Aussitôt que le Code de Hammourabi eut paru dans la traduction
princeps du P. Scheil, j'en commençai l'étude comparative. Je
recherchai d'abord ses rapports avec les lois mosaïques. Ce fut
l'objet d'un cours introductif fait en 1904. Dans les trois années
suivantes, j'en entrepris et menai à bonne fin l'interprétation et le
commentaire suivis. Je n'avais pas reculé, en effet, devant la néces-
sité qui me paraissait s'imposer à moi de m'initier à la langue assy-
rienne, comme j'avais jadis appris le russe en vue de mon cours sur
les institutions de la Russie.

Il était évident que le texte ne pouvait rester isolé, qu'il fallait
pour dissiper ses obscurités et suppléer à ses lacunes remonter aussi
haut que possible dans l'histoire juridique de la Chaldée, puis tirer

____

(1) *Revue internationale de l'enseignement*, 15 avril 1898, p. 310.

parti de cette foule de contrats, immédiatement antérieurs ou concomitants, dont les assyriologues, rompant avec l'indifférence de leurs devanciers, nous donnaient maintenant, à qui mieux mieux, texte et traduction (1). Progressivement j'élargis le cercle que je traçai autour du Code de Hammourabi, pour déterminer et décrire ses principales intersections avec les législations de l'Egypte ou de l'Inde et avec les coutumes archaïques des peuples sémitiques. Je me demandai enfin quelle sorte d'influence le droit chaldéen avait pu exercer sur la société préhellénique.

J'étais ramené ainsi dans le bassin de la mer Egée, à la civilisation minoenne ou mycénienne. Ici, malheureusement les documents juridiques nous font encore défaut. La langue minoenne n'a pas livré son secret : elle attend son Champollion. Les lois de Minos, si elles ne sont plus un mythe, ne nous sont pas mieux connues que celles de Ménès. Hérault de Séchelles, s'il revenait au monde, les demanderait toujours en vain à la Bibliothèque nationale. Sa demande du moins ne paraîtrait plus grotesque. La société homérique, elle aussi, prend corps et consistance et nous saisissons mieux l'importance spéciale des plus anciennes lois ou constitutions de la Crète.

J'ai abordé ce sujet en commentant les écrits politiques de Platon, la *République* et surtout les *Lois*, où la constitution de la Crète tient une si large place et où tant de coutumes archaïques, dont nous ignorons la provenance, sont mises en œuvre. Cette année même, l'étude de la *Politique* d'Aristote me ramènera à ce terrain d'étude.

III

Ne serait-ce donc que par les exhumations des archéologues que l'historien des institutions est mis en mesure de faire œuvre originale et neuve, j'entends de faire un pas vers la claire et saine intelligence des règles qui gouvernent les sociétés humaines ? Je ne le pense pas plus que je n'estime indispensables les découvertes d'archives. Celles-ci à coup sûr sont d'un grand prix. Elles enrichissent le stock des matériaux, et, pour ma part, j'ai contribué de mon mieux à cet enrichissement. Mais après tout, elles sont un moyen et non un but. Si nombreux qu'on suppose les textes, ils ne sauraient se suffire. Ils ont besoin d'être triés, rapprochés, coordonnés, à l'instar des ossements épars avec lesquels Cuvier reconstituait le

____

(1) Voyez les deux articles que j'ai publiés en 1907 dans la *Revue historique*, et qui ont été puisés dans mon enseignement, sur le *Code de Hammourabi* et sur la *Propriété collective en Chaldée.*

squelette d'un animal fossile. Il faut plus encore, il faut retrouver dans les vestiges du passé l'impondérable, l'immatériel, en dégager le souffle ou l'esprit qui animait le corps social, qui faisait sourdre ou jaillir, du choc des idées des intérêts et des passions, les institutions, les coutumes et les mœurs.

Tout dépend donc essentiellement de la méthode. A son tour l'historien devient un pionnier ou un découvreur. De même que les siècles et les millénaires ont amoncelé sur le sol des couches sédimentaires de témoins, qui correspondent chacune à une période distincte, mais où sont entremêlés parfois des débris d'âges différents, de même les institutions se sont superposées les unes aux autres puis en partie mélangées, et le devoir de l'historien est de retrouver pour chaque zone les éléments qui lui sont propres et de lui restituer par là sa physionomie distincte. Opération délicate, s'il en fut, puisque aux transformations et aux mélanges que le temps a effectués viennent s'ajouter, comme autant de dépôts hétérogènes ou d'agents perturbateurs, les hypothèses, les systèmes, les opinions, les illusions que la tradition des hommes ou que le travail intellectuel des érudits et des écrivains ont accumulés au cours de longs siècles.

Pour réussir dans cette œuvre, voici les principes dirigeants que l'expérience m'a suggérés :

1o Etudier des périodes de l'histoire des institutions suffisamment larges pour se prêter à des vues générales, suffisamment étroites pour atteindre à une grande netteté et à une grande précision de détail ;

2o Traiter à part chaque groupe humain comme un organisme vivant ;

3o Remonter jusqu'aux sources juridiques contemporaines de la période choisie et s'y tenir étroitement ; en faire la critique, les coordonner, les replacer dans leur milieu ethnique, géographique, d'un mot, dans leur milieu social, en fonction à la fois de la vie matérielle et de la vie intellectuelle ou morale ;

4o S'affranchir, autant qu'il est humainement possible, des préjugés que les siècles postérieurs nous ont légués, et des partis pris que le nôtre a vu naître ;

5o Rechercher les anneaux de la chaîne mystérieuse qui relie à son passé et à son avenir immédiats l'organisation sociale que l'étude directe des sources contemporaines a permis de saisir sur le vif, et pour cela prendre pour guide l'espèce d'axiome que j'ai formulé en ces termes (1) : « Les institutions politiques ne vivent qu'un

____
(1) *Origines de l'ancienne France*, I, p. 11

instant de raison sous leur forme vraiment distinctive ; dès qu'elles l'ont revêtue, leur déclin commence » ;

6° Dégager l'esprit général de chaque nation pour frayer la voie à la synthèse qui permettra de découvrir peut-être un jour l'esprit général de l'humanité.

Je n'ai cessé d'appliquer ces principes et cette méthode soit dans mon enseignement soit dans mes livres, nouant étroitement l'une à l'autre ces deux branches de mon activité intellectuelle. J'en donnerai quelques exemples.

IV

Mes travaux sur l'histoire du droit français s'étaient, il y a plus de trente ans déjà, concentrés de préférence sur la période la plus obscure de cette histoire, la période des xe et xie siècles, où je voyais la clef de toutes nos anciennes institutions et que les historiens du droit jusque-là enjambaient. D'après l'opinion reçue, la féodalité était née spontanément au ixe siècle ; dès le principe elle aurait été territoriale ; c'est par le haut qu'elle aurait été formée, directement, à l'instar des maisons chinoises dont la construction commence par le toit. A mes yeux, au contraire, elle était le produit d'une élaboration plusieurs fois séculaire, qu'il fallait suivre pas à pas, en observant dans les innombrables documents de l'époque, chartes et chroniques, vies des saints et chansons de geste, la désorganisation de la société carolingienne et la naissance de la société française. C'est l'œuvre de longue haleine que j'ai assumée et qui s'est incorporée jusqu'ici dans les trois volumes parus (1886-1904) de mes *Origines de l'ancienne France*. Elle a été inaugurée au Collège de France, dès 1879, par une étude de la condition des personnes et des terres en France, au xie siècle, d'après les cartulaires. Je l'ai poursuivie dans mes cours de 1882 et de 1884 sur la formation des villes et des constitutions urbaines au moyen âge, et je l'ai conduite en 1889 à un point culminant, en décrivant la féodalité et la chevalerie primitives, et en montrant le grand parti qu'on peut tirer des chansons de geste pour l'interprétation des chartes et par suite pour l'intelligence de l'état social du x° et du xie siècle. C'est dans ce cours que je crois avoir été le premier à mettre en lumière le caractère *personnel* de la féodalité originaire et le grand rôle qu'y jouait une institution totalement méconnue jusqu'alors des historiens, la maisnie. J'ai publié une partie des résultats ainsi acquis dans un mémoire, offert en 1890 à mon cher maître et ami Gaston Paris, où je disais : « Chartes et chansons de geste me persuadent que jusqu'au xie, et même au xiie siècle, le *lien personnel* est resté un facteur essentiel de la société, que lui seul peut expliquer tout un côté, le plus important peut-être, de l'organisation féodale : l'hommage lige, la pairie, les rapports entre covassaux, la *foi*. Ce n'est que plus tard, à mesure que l'inféodation se multiplia et se compliqua, que le lien réel prit définitivement le dessus » (1).

Une autre question d'une importance capitale avait été abordée par moi dans mon enseignement de la même année, à propos de l'histoire des Universités : la persistance du droit romain à travers tout le premier moyen âge, et la prétendue continuité de son étude dans les écoles françaises antérieures à Irnerius. De là est né le volume que j'ai publié, dès 1890, sur ce sujet (2).

Le pays étranger auquel j'ai appliqué avec le plus de suite la méthode esquissée plus haut est l'Irlande. Si nous ne pouvons, dans les sciences sociales, procéder par voie d'expérience, la nature expérimente pour nous, par les crises qu'elle déchaîne. Il est bien connu que l'état de maladie est plus propre que l'état de santé à nous révéler les secrets de l'organisme humain. De même en est-il de l'organisme social. Or l'Irlande est malade, chroniquement malade, depuis huit siècles continus, d'un mal que maintes fois les docteurs politiques ont déclaré incurable. Elle offrait donc un champ d'observation presque inépuisable, d'autant plus précieux qu'y apparaissent plus vivement l'action prépondérante exercée par le régime agraire sur l'organisation sociale et le rôle dévolu aux éléments ethniques comme aux croyances religieuses. Sa destinée, du reste, n'a cessé dans le passé d'engager la vie même de l'Angleterre et j'ai pu montrer à quel point elle est, dans notre temps, une cause dissolvante de la vieille constitution britannique. Ce cours s'est étendu sur six années entières, et j'en ai publié divers fragments (3).

Dans un domaine plus vaste, j'ai voulu soumettre à une critique documentaire rigoureuse des systèmes historiques que la séduction d'une apparente logique et les affinités avec les théories socialistes avaient mis en faveur : la doctrine de M. de Laveleye sur les origines de la propriété, celles de Morgan, de Bachofen, de Mac Lennan

(1) *Le compagnonnage dans les chansons de geste*. Mémoires offerts à Gaston Paris, p. 142 (Paris 1891).

(2) *Études critiques sur l'histoire du droit romain au moyen âge, avec textes inédits*. Paris, 1890.

(3) Histoire du régime agraire de l'Irlande (leçon d'ouverture, décembre 1882) (*Revue internationale de l'enseignement*). — Considérations sur l'histoire politique de l'Irlande, 1885. — Jonathan Swift, son action politique en Irlande, 1886. — Le gouvernement local de l'Irlande, 1889.

sur les origines de la famille. Je fus amené ainsi à une enquête méthodique sur les mœurs et les institutions des peuples primitifs ou sauvages. Je l'ai étendue successivement aux deux Amériques, à l'Afrique, à l'Océanie et je l'ai basée sur un dépouillement critique des textes, pays par pays, race par race, époque par époque, de manière à en extraire autant que possible les éléments simples et à en préparer lentement et prudemment la synthèse scientifique.

Je n'ai pu jusqu'ici publier qu'un simple extrait de cette enquête (1), comme il m'est arrivé trop souvent pour mes cours, — à raison du peu de temps que nous laisse disponible l'obligation sans cesse renaissante d'un grand nombre de leçons publiques. Je tiendrais d'autant plus à en faire la publication intégrale que je me crois fondé à revendiquer ce sujet pour le ressort propre de l'histoire des législations comparées. Les sociologues eux-mêmes n'en viennent-ils pas de plus en plus à reconnaître que c'est le droit (organisation tribale et familiale) qui fournit la meilleure pierre de touche des sociétés, le meilleur critérium pour les classer ? Rien de plus naturel.

V

Le droit est, en effet, à mes yeux, l'ensemble des normes ou des lois qui, par voie d'autorité ou par l'accord conscient ou inconscient des volontés individuelles ou collectives, règlent les rapports extérieurs des hommes vivant en société ou entre les sociétés elles-mêmes, et j'ai pu définir la société « un organisme humain parlant la même langue, obéissant aux mêmes instincts, uni par la solidarité des traditions, des intérêts, des aspirations spirituelles ». C'est donc dans le droit que se reflète, se condense et se cristallise le mieux la vie des nations. On pourrait dire même qu'elle s'y fixe puisque le *droit*, dans ce qu'il a d'essentiel, s'impose au législateur lui-même comme il s'impose au juge. Mais, puisque toute vie est muable, il ne s'impose pas à eux d'une manière absolue et fatale ; l'un et l'autre doivent pouvoir le modifier et l'infléchir dans la mesure et dans le sens où la société elle-même s'est transformée ou tend normalement à changer.

Cette conception a été comme le pivot de mon enseignement. C'est elle qui m'a guidé dans le choix de mes sujets et dans la manière de les traiter.

(1) *Le lévirat et les origines de la famille*, Paris, 1900. Traduction allemande dans l'*Annuaire de la Société de Législation de Berlin*.

Fallait-il s'y restreindre ? Ne peut-on, ne doit-on s'efforcer de découvrir les *lois générales de l'histoire* qui commandent aux lois proprement dites, qui régissent la destinée et la vie des nations ?

A suivre certains sociologues, l'histoire des législations comparées finirait par rentrer dans la biologie, puisqu'ils considèrent le corps social comme un être véritable. D'autres imaginent une *anthropologie* ou une *ethnographie juridique*, et la plupart font effort pour transposer dans notre domaine les prétendues lois de l'évolution, du transformisme ou de la sélection. J'ai réagi de mon mieux contre ces tendances, que je juge excessives et décevantes.

Chaque science a sa sphère propre et devra sans doute la garder toujours, si proches que soient les confins des autres ou si nombreux que soient ses points de contact avec elles. La connaissance de l'ensemble nous échappe par l'imperfection de notre esprit. Nous en sommes réduits à des catégories de connaissances dont chacune correspond à des éléments distincts, et ce n'est que dans un lointain hypothétique, chimérique peut-être, qu'il nous est donné d'entrevoir l'existence de lois générales, communes à toutes les sciences, dont les lois particulières à chacune ne seraient que des dérivés.

Que l'on cherche pour les sciences sociales des termes de comparaison dans d'autres sciences, soit, mais pourquoi alors s'en tenir aux seules sciences qu'on est convenu d'appeler naturelles ? La science des nombres de Pythagore et de Platon, et la physique ou l'astronomie n'offrent-elles pas des analogies aussi plausibles ? C'est ainsi que dans mon cours et dans mes livres j'ai signalé, à maintes reprises, l'action dans les sociétés humaines d'une sorte de gravitation, l'alternance d'une force centrifuge et d'une force centripète (avec répulsion et attraction qui rappellent les phénomènes électriques) produisant des périodes plus ou moins régulières de dissolution et de reconstitution, dont les phases successives correspondent parfois assez exactement à un siècle chacune (1). Depuis

---

(1) Voyez par exemple *Origines*, t. II, p. 19. t. III, p. 10, etc.

J'ai développé ces idées dans mes cours sur les *Institutions primitives* et sur les *Utopies*. Voici le schéma que j'ai tracé pour la France depuis le ixᵉ siècle :

ixᵉ siècle, Apogée de la société franque,
xᵉ Dissolution ;
xiᵉ Phase préorganique,
xiiᵉ Renaissance,
xiiiᵉ Apogée de la reconstitution,
xivᵉ Dissolution ;
xvᵉ Phase préorganique,
xviᵉ Renaissance,

lors, un écrivain belge, M. Ernest Millard, a abouti par des voies différentes à des conclusions voisines et affirmé même une corrélation des périodes historiques avec les variations cycliques du magnétisme terrestre et de l'électricité solaire (1), en attribuant du reste à ces périodes un caractère beaucoup plus absolu que je n'avais jamais songé à le faire.

Tout au contraire, je n'ai cessé de tenir mes auditeurs en garde contre l'engouement de notre époque à chercher ou à voir des *lois* partout, sous le spécieux prétexte qu'à cette condition seule une discipline mérite le titre de science. De *lois* constantes et invariables, je n'en connais aucune, pas plus dans les sciences physiques ou naturelles que dans les sciences morales ou sociales. Ce qu'on appelle ainsi n'est qu'une coordination de phénomènes dont la répétition exacte et certaine n'est jamais démontrée. Ce ne sont donc que des hypothèses invérifiables ou des postulats dont le champ s'élargit ou se rétrécit à mesure que des expériences plus précises ou des découvertes inattendues changent le point de vue. Ce sont des approximations. L'histoire des législations comparées ne doit pas prétendre à plus, mais rien ne l'oblige de prétendre à moins.

Il ne s'agit aucunement pour elle, du moins à mes yeux, de remplacer l'ancien droit naturel *a priori* ou providentiel, fondé sur l'intuition pure ou sur une conception mystique, par un droit naturel *a posteriori*, une sorte de droit commun ou humain déduit de l'observation de tous les peuples du globe, et trouvant sa sanction dans les *lois* naturelles. Si l'on mettait au creuset toutes les législations et toutes les coutumes de tous les peuples et de tous les temps, le résidu serait une matière informe ou rudimentaire, de même que des clichés photographiques pris sur des individus de toutes les races ne pourraient donner qu'une image monstrueuse ou banale. Il ne saurait en être autrement, puisque le droit est inséparable de l'état social et que celui-ci varie à l'infini.

Tout différemment se présente à nous la filiation des institutions, dans ses rapports avec la genèse et le développement progressif des nations. Elle permet de découvrir des relations au moins approximatives de cause à effet, des séries de phénomènes sociaux naissant les uns des autres, et dont la répétition offre le même degré de pro-

xviie Apogée,
xviiie Dissolution ;
xixe Phase préorganique.
Ce qui nous présagerait :
xxe Renaissance,
xxie Apogée.
(1) E. Millard, *Une loi historique*, 4 volumes, Bruxelles, 1903-1906.

babilité ou de vraisemblance que les lois hypothétiques des autres sciences. A une condition seulement, c'est de procéder avec une prudence extrême. Que d'ambiguïtés, en effet, à dissiper ou à fuir ! Voyez dans nos forêts, sur les énormes souches de sapins des Vosges (lesquelles, chacun le sait, ne poussent pas de rejetons) de jeunes plants naître d'une graine ou d'un gland. Qui pourra savoir, quand l'arbre sera devenu séculaire, s'il est né de la souche, parente ou étrangère, qui lui avait donné asile et qu'il a travaillé lui-même à décomposer ? C'est l'image assez fidèle de la filiation des institutions et des peuples.

A cette complexité des origines viennent s'ajouter les déviations et les déformations qui sont produites, ou, pour continuer l'image, les greffes qui sont entées, soit sur le tronc, soit sur les branches, par le règne de la force, la pénétration pacifique des peuples, la contagion des idées. Ce sont autant de directions dans lesquelles j'ai, à mon cours, poussé les recherches. Les idées surtout m'ont paru appeler des études suivies, qu'elles s'élaborent lentement et sourdement dans les masses, ou qu'elles éclatent en théories et en systèmes. Toute idée, digne de ce nom, a, en effet, une tendance irrésistible à s'incorporer dans les faits et dans les lois, et ce n'est d'ordinaire qu'après une longue incubation, après un travail inconscient, qu'elle s'enracine.

En étudiant les utopies qui, depuis Platon jusqu'à nos jours, ont cheminé dans les couches profondes de la société et se sont échappées périodiquement en écrits brûlants, comme une lave volcanique, j'ai pu discerner à toutes les époques l'existence d'un double courant, un courant conscient se traduisant en principes et en actes, et un courant inconscient agissant en sens contraire et préparant l'avenir (1). C'est ce qu'à mon cours j'ai pu résumer en cette formule : « Toute force sociale agit inconsciemment en sens inverse de sa direction consciente », sans doute parce que toute idée exclusive et dominatrice provoque une réaction au fond de la conscience humaine.

---

(1) Voici ce que je disais dans ma leçon d'ouverture (inédite) de 1908 : « Un double courant a traversé et entraîné la société européenne depuis la Renaissance : un courant de surface et un courant de fond, un courant individualiste, réaction contre l'absolutisme monarchique, et un courant socialiste tendant à un absolutisme collectif. Le premier est de plus en plus apparent et de plus en plus énergique à mesure que l'on approche du débordement de 89. Le second est caché dans les dessous, dans les profondeurs, il est plus diffus que conscient, mais il s'échappe de temps à autre par des fissures, pareil aux jets de vapeur, de cendre et de pierres que lance un volcan avant son éruption. Les utopies sociales sont de tels jets, dans le domaine des idées ; le *babouvisme* en est un dans le domaine des faits et progressivement le courant souterrain monte à la surface, puis finit par couler à pleins bords ».

Le droit ne cesse d'être influencé par ce mouvement alterné (que ce soit dans la coutume, la loi, ou la jurisprudence) et les idées, en circulant d'âge en âge et de peuple à peuple, finissent par établir une sorte d'équilibre juridique, analogue à celui du liquide dans des vases communiquants. C'est à cette statique sociale que contribuent puissamment les théories qui planent en quelque manière au-dessus des institutions, celles d'un Platon ou d'un saint Thomas d'Aquin, d'un Rousseau ou d'un Montesquieu. Je les ai donc choisies pour sujets d'étude et j'ai montré, en prenant pour exemple la théorie de la souveraineté, par quelle filière ininterrompue de telles doctrines relient le passé le plus lointain non seulement au présent, mais à l'avenir (1). N'est-ce pas, en effet, au nom de la souveraineté populaire empruntée par Rousseau aux théoriciens du moyen âge et de la Renaissance, par ceux-ci à l'antiquité, qu'est revendiqué aujourd'hui le suffrage politique des femmes ? Question ouverte que j'ai abordée directement l'an écoulé (2), après en avoir longuement préparé l'étude par une histoire détaillée de la condition des femmes, tant en France qu'en Europe.

Je crois avoir donné dans ce qui précède un aperçu précis de mon activité scientifique au Collège de France. Pour le compléter, voici le tableau, dans leur ordre logique, des sujets que j'ai traités à mon cours.

I. — Histoire des institutions primitives

1º *Amérique.*

    Amérique en général, 1892-1893.

    Amérique du Nord et du Centre, 1899-1902.

    Amérique du Sud, 1902-1904.

2º *Afrique*, 1894-96.

3º *Océanie*, 1896-99.

II. — Etude des plus anciens monuments juridiques

1º Les plus anciens monuments du droit chaldéen et du droit hébraïque, 1904-1905.

2º Interprétation et commentaire du Code de Hammourabi, 1905-1908.

3º Etude comparée du Code de Hammourabi et du droit égyptien, hindou et grec, 1906-1907.

---

(1) Voyez *Platon et Montesquieu, théoriciens politiques*. Leçon d'ouverture de décembre 1908, publiée par la *Revue politique et littéraire*, 2 et 9 janvier 1909.

(2) *La souveraineté du peuple et le suffrage politique de la femme*. Leçon d'ouverture de décembre 1909, publiée par la même *Revue*, 29 janvier et 5 février 1910.

III. — Histoire des institutions par pays et par époque

1º *France.*

La condition des personnes et des terres au xiᵉ siècle, 1879-1880.

Le droit et les institutions de la France sous les premiers Capétiens, dans leurs rapports avec la législation des pays limitrophes, 1884.

Interprétation de textes juridiques des xiᵉ et xiiº siècles, 1884.

2º *Irlande.* Histoire du régime politique et du régime agraire :

I. Depuis les temps celtiques, 1882-83.

II. Depuis le milieu du xviiᵉ siècle, 1884-85.

III. Au xviiiᵉ siècle, 1885-86.

IV. Depuis l'Act d'Union, 1886-87.

V. Depuis 1840, 1887-88.

VI. A l'époque contemporaine, 1888-89.

3º *Autriche-Hongrie.*

1) Histoire des institutions politiques et privées de la Hongrie.

I. Sous la dynastie des Arpads et des Jagellons, 1885-86.

II. Depuis le milieu du xviᵉ siècle, 1886-87.

III. Depuis la mort de Marie-Thérèse, 1887-88.

2) Rapports politiques de la Hongrie avec les autres Etats de l'Autriche-Hongrie au xixᵉ siècle, 1888.

3) Histoire des constitutions de l'Autriche-Hongrie depuis 1815, 1888-89.

4º *Russie.*

Histoire des institutions publiques et privées :

I. Depuis Pierre le Grand, 1892-93.

II. Depuis Catherine II, 1893-94.

III. A l'époque contemporaine, 1894-95.

5º *Chine.*

Etat social de la Chine et ses transformations sous la dynastie mandchoue, 1901-1902.

6º *Japon.*

I. Histoire des institutions et du régime social, 1902-03.

II. Vie privée et publique du peuple japonais et son avenir politique, 1904-05.

III. Rôle social de la religion et de l'art au Japon, 1905-06.

IV. — Monographie des grandes institutions

1ᵉ *Origine de la famille et de la propriété,* 1892-93.

2º *Famille.*

La famille chinoise, 1900.

Le plus ancien droit de famille des peuples sémitiques, 1907-1908.

3° *Propriété*.

Histoire de la propriété foncière en Europe, 1879-80.

Histoire comparée de la propriété en Angleterre et en France, depuis Guillaume le Conquérant, 1891-92.

La communauté des terres et l'abolition du servage en Russie, 1895-96.

4° *Féodalité*.

Histoire de la féodalité et de la chevalerie, d'après les chansons de geste, 1889-90.

5° *Commune*.

Origines des institutions communales en Belgique et dans le nord de la France, 1882-83.

V. — Histoire des classes ou des catégories sociales

Paysans.

La condition juridique des paysans de l'Alsace, de l'Allemagne et de la Suisse au moyen âge, 1884-85.

Femmes.

Histoire de la condition des femmes en France, d'après les documents juridiques et les œuvres littéraires, 1896-98.

La condition sociale de la femme en France, au xviiie siècle, 1899 1900.

La condition sociale de la femme en Europe, depuis la Révolution française, 1903-04.

Le suffrage politique des femmes dans les sociétés modernes, 1909-1910.

VI. — Histoire des idées et des doctrines politiques

Histoire des Universités et de leur rôle politique en France, 1889-1890.

Les théories politiques en Europe avant et pendant la Révolution française, 1890-91.

Commentaire du *Contrat social* de J -J. Rousseau, 1890-91.

Les écrits politiques de Joseph de Maistre comparés avec les doctrines de saint Thomas d'Aquin, de Gilles de Rome et du Songe du Vergier, 1891-92.

La *République* de Platon et les systèmes imaginaires qui en sont nés, 1906-07.

Les utopies politiques et sociales depuis le xvie siècle jusqu'à la Révolution française, 1907-1909.

Les *Lois* de Platon comparées avec l'*Esprit des Lois* de Montesquieu, 1908-1909

Les *Lois* de Platon et la constitution de la cité antique, 1909-1910.
La souveraineté du peuple, 1909-1910.

Tel a été jusqu'à ce jour mon enseignement au Collège de France. Ce qu'il sera demain dépendra des forces et des années qui me seront encore départies, et peut-être aussi des horizons nouveaux qui s'offriront à l'étude. Je puis dire cependant dès aujourd'hui de quels côtés se sont dirigées mes recherches et s'est exercé le travail de ma pensée, en vue de mon enseignement futur.

Il me tiendrait à cœur d'achever le cycle des origines en explorant de plus près les anciennes institutions de l'Egypte et de l'Inde, et de compléter mon enquête sur les institutions primitives en élaborant les matériaux que j'ai amassés sur la Scandinavie et les anciennes coutumes slaves. De cette enquête je me propose de tenter la synthèse et dès cette année je la commencerai par un cours sur la *poésie et le symbolisme* dans l'histoire des institutions.

Dans la politique étrangère, deux grands problèmes m'ont attiré et occupé depuis nombre d'années, l'essor politique et social que l'Amérique du Sud ne peut manquer de prendre, et l'avenir du fédéralisme, soit en Europe, soit aux Etats-Unis, soit dans le domaine colonial. De la sorte se compléterait mon voyage à travers le temps et l'espace.

Si je n'ai pu faire mieux et plus, j'ai la conscience d'être resté fidèle aux généreuses aspirations des grands libéraux de 1830, à qui est due la fondation de cette chaire d'*histoire générale et philosophique des législations comparées*, car tel est le titre exact qu'ils lui ont donné, et de n'avoir pas trop déçu leurs vastes ambitions. J'espère aussi n'avoir pas démérité de la confiance et de l'amitié du prédécesseur aimé et vénéré dont l'image n'a cessé d'être présente à mon esprit, Edouard Laboulaye (1). Montesquieu et lui furent mes maîtres ; puissé-je avoir formé des disciples dignes d'être de leur lignée.

(1) Je lui ai rendu hommage dans ma leçon d'ouverture d'avril 1884 : *La vie et les œuvres d'Edouard Laboulaye* (Revue politique et littéraire du 17 mai 1884).

LAVAL. — IMPRIMERIE L. BARNÉOUD ET Cⁱᵉ.

LIBRAIRIE GÉNÉRALE DE DROIT & DE JURISPRUDENCE
20, RUE SOUFFLOT, PARIS

REVUE INTERNATIONALE

DE

L'ENSEIGNEMENT

PUBLIÉE

Par la Société de l'Enseignement supérieur

Rédacteur en chef : **FRANÇOIS PICAVET**

Paraît le 15 de chaque mois par fascicule de 96 pages
20. Rue Soufflot, PARIS

ABONNEMENT ANNUEL. France et Union postale, **24** fr. LA LIVRAISON. **2** fr. **50**

Chaque année parue forme deux volumes
du prix de **12** fr. chaque

AVIS A MM. LES COLLABORATEURS

Les demandes de tirages à part et d'extraits doivent être envoyées à l'éditeur avec le bon à tirer. Il n'est pas accepté de commande pour moins de cent exemplaires

PRIX DES TIRAGES A PART

8 PAGES AVEC COUVERTURE		16 PAGES AVEC COUVERTURE	
100 exemplaires...	20 fr.	100 exemplaires.........	25 fr.
Par 50, en plus..........	5 fr.	Par 50, en plus..........	6 fr.

SIMPLES EXTRAITS

Feuilles de 16 pages sur le tirage sans pagination spéciale et avec la couverture de la Revue......... 6 fr. le 100

LAVAL. — IMPRIMERIE L. BARNÉOUD & Cⁱᵉ